AF283512

Beatriz Ubago Molina

APULEYO EDICIONES   FOMENTO DE VALORES   CUENTOS ILUSTRADOS

Bientratar

Un gran superpoder

APULEYO EDICIONES   FOMENTO DE VALORES   CUENTOS ILUSTRADOS

En nuestra lengua existe el verbo maltratar,
pero no el de **bientratar**.

Hagamos que exista esta palabra, pues aludirá
a una realidad en la que se reflejará que somos
una sociedad justa e igualitaria.

DEDICATORIA

A Marian Moreno Llaneza, mi maestra coeducadora, de quien aprendí la importancia de trabajar para que nuestra sociedad tenga, en su vocabulario y por tanto en su realidad, la palabra "bientratar".

A todas las personas que me han apoyado, enseñado y acompañado, formando parte del camino justo y violeta por el que ando.

A mi madre, que siempre está.

A mi alumnado de segundo curso del CFGS en Educación Infantil del IES Vistazul (curso 2019-2020), para quienes escribí esta historia.

En las afueras de una gran ciudad había un hermoso campo lleno
de flores. Allí, las flores vivían contentas las unas con las otras.
Charlaban, se reían y convivían en paz y armonía. En el
centro de aquel campo había un gran charco de agua
que alimentaba a todas las alegres flores.

Pero, de repente, un día, una de las gotas de agua dijo, algo enfadada:

—¡Estoy muy cansada de ser la gota que está en el borde! Todos los días la tierra me ensucia y a menudo me pisan. Y vosotras no hacéis nada por ayudarme; así que he decidido irme. De todas formas, a ninguna os importo y a ninguna os importa mi situación...

Y la gota de agua del borde comenzó a subir un lateral del charco y salió de él.

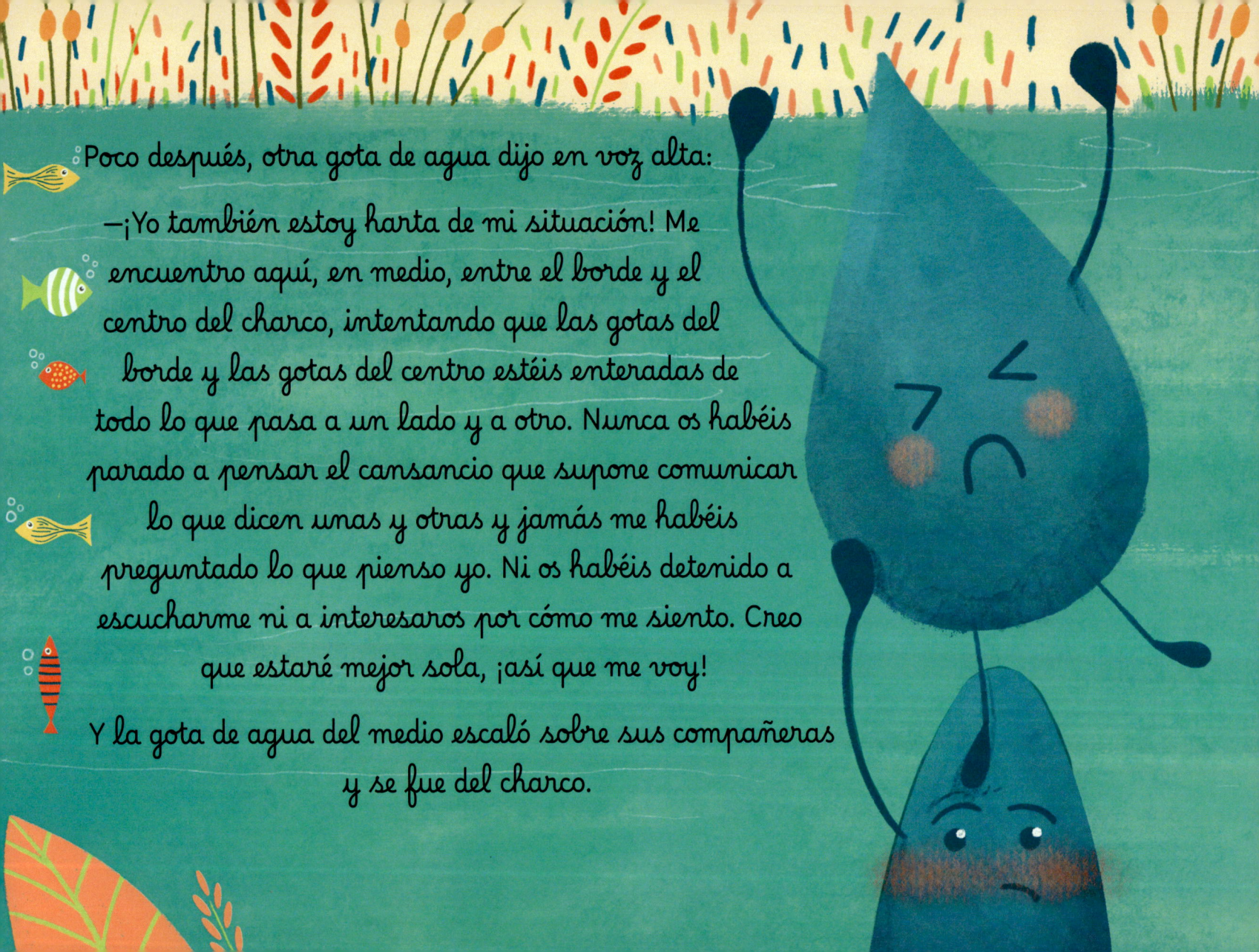

Poco después, otra gota de agua dijo en voz alta:

—¡Yo también estoy harta de mi situación! Me encuentro aquí, en medio, entre el borde y el centro del charco, intentando que las gotas del borde y las gotas del centro estéis enteradas de todo lo que pasa a un lado y a otro. Nunca os habéis parado a pensar el cansancio que supone comunicar lo que dicen unas y otras y jamás me habéis preguntado lo que pienso yo. Ni os habéis detenido a escucharme ni a interesaros por cómo me siento. Creo que estaré mejor sola, ¡así que me voy!

Y la gota de agua del medio escaló sobre sus compañeras y se fue del charco.

Pocos minutos después habló la gota
que ocupaba el centro del charco:

—¡Pues yo también me voy a ir! Aquí en el centro todas
me achucháis, me aprisionáis y, aunque a veces grito, estáis
tan pendientes de lo vuestro que ni os enteráis. Me voy y a ver
quién es capaz de soportar lo que yo he soportado.

Y la gota del centro del charco buceó hasta
el borde y salió del mismo.

Poco a poco, todas las gotas del charco lo fueron abandonando. Se iban solas, parecían estar enfadadas todas con todas...

Hasta que llegó un día en el que solo quedaba una gota en el charco. Se sentía triste y desamparada, ya no tenía ninguna compañera con la que jugar, hablar o reír.

El charco se había quedado vacío. Cuando, de repente, escuchó voces angustiadas...

—¿Qué me pasa?

—¡No tengo fuerzas para crecer!

—¡Mis pétalos...! ¡Han perdido su color!

Eran las flores, que lloraban con mucha pena, pues el charco del campo que las alimentaba había desaparecido, se había quedado seco y ellas empezaban a sentirse muy débiles y mustias. Se apagaban...

El campo perdió todos sus colores y las flores se marchitaron.

La gota que quedaba en el charco
quiso socorrer a las flores, pero sola no podía.

Además, había empezado a hacerse cada vez más pequeña,
pues el sol calentaba tanto, tanto, tanto que la estaba secando.

Desanimada, pensó en dejarse absorber por el sol y acabar con aquella
pesadilla. El campo desaparecería, pero ella sola no podía salvarlo.
Y pensó que entre todas las gotas, con egoísmo y falta de empatía,
¡lo habían maltratado!

Una mañana, en la que ya estaba muy cansada, escuchó una voz que decía:

—¡No quiero desaparecer, no quiero perder esta casa!
¡Quiero que las flores vuelvan con sus colores a dar luz y alegría...!

¡Era la gota del centro que, aunque se había ido,
no había llegado muy lejos del charco!

—¡Gota del centro, gota del centro! —gritó con todas sus fuerzas la pequeña gota que aún estaba en el charco—. ¡Vuelve! Yo sigo aquí. Juntas nos haremos compañía en estos momentos duros y tristes.

La gota del centro sintió un gran alivio al escuchar a una de sus compañeras. Y con mucho esfuerzo pero con ganas de verla, volvió al charco. Cuando, de repente, ambas gotas escucharon una voz que gritaba con todas sus fuerzas...:

—¡Compañeras, amigas! El Sol me está quemando, me he quedado muy pequeña. Os echo de menos. Voy a volver...

Era la gota del medio, la que estaba entre el borde y el centro del charco, que tampoco andaba demasiado lejos. Así que, con mucho esfuerzo también pero con ánimo de reencontrarse con sus amigas, la gota del medio volvió y abrazó a sus compañeras.

Estaban las tres gotas celebrando con alivio y
emoción el reencuentro cuando escucharon una
nueva voz que todas reconocieron...
¡Era la gota del borde!

—¡Amigas...! Estoy muy
muy agotada... He intentado
alimentar a las flores, pero
no he conseguido nada. ¡Sola
no puedo! ¡Os necesito! Así
que voy a volver al charco.

Poco a poco, todas las gotas volvieron y el charco, que había desaparecido, creció y creció hasta llenarse de nuevo. ¡Gracias a eso, las flores recobraron el color y el campo volvió a ser el que era!

Todas las gotas habían aprendido la lección: solas, todo era más difícil, hasta tal punto que casi desaparecen y hacen desaparecer el campo de flores; sin embargo, juntas, cooperando y bientratándose, todo lo podían.

¡¡Habían conseguido un gran superpoder: el de **BIENTRATAR**!!

Y así fue como desde aquel día, el charco siempre está lleno. Las gotas se turnan en sus posiciones para no discutir ni hacerse daño, porque ahora ya se bientratan. ¡Y el campo de flores se ha convertido en el más colorido y feliz del mundo!

Por eso, cuando nos bientratamos, somos capaces
de que nuestro mundo sea mucho mejor para ti,
para mí, ¡para todas las personas!

¿Hacemos como las gotas y comenzamos a bientratarnos?

Y hasta aquí este cuento ha llegado,
donde las flores han renacido porque las
gotas el buen trato han practicado.

Que seamos diferentes no significa que
tengamos que ser desiguales.

Bientratarnos nos lleva a respetarnos y a cooperar;
a construir una sociedad donde sean considerados
todos los talentos y a disfrutar de todos ellos.

Y eso también se llama igualdad.

HAZ UNA LISTA DE ACCIONES PARA "BIENTRATAR" A LOS DEMÁS:

© Beatriz Ubago Molina (de la obra)

©Apuleyo Ediciones (de esta edición)

Primera edición en Apuleyo Ediciones: julio 2024

Diseño de cubierta: Sofía Corzo González

Corrección: Aitor Andreu Guerrero Lorena Maestre Gregori

Maquetación: Domingo Carrasco Martín

Ilustraciones: Lucía Charreco Peña

Coordinación editorial: Isidoro Cidre González

info@apuleyoediciones.com

www.apuleyoediciones.com

ISBN: 978-84-1060-113-0

Depósito legal: H 60-2024

No está permitida la reproducción total o parcial de este libro, ni su tratamiento informático, ni la transmisión de ninguna forma o por cualquier medio, ya sea electrónico, mecánico, por fotocopia, por registro u otros métodos, sin permiso previo y por escrito de los titulares del copyright.

Hecho e impreso en España.